Ingeborg Bauer

Am blauen Rand Europas

Ingeborg Bauer

Am blauen Rand Europas

Inseln im östlichen Mittelmeer

Bibliografische Information der Deutschen Nationalbibliothek:
Die Deutsche Nationalbibliothek verzeichnet diese Publikation in der Deut-
schen Nationalbibliografie; detaillierte bibliografische Daten sind im Internet
über < http://dnb.d-nb.de > abrufbar.

© 2008 Ingeborg Bauer
Herstellung und Verlag: Books on Demand GmbH, Norderstedt
ISBN: 978-3-8370-1574-4

Inhalt

Kykladen - Inseln des Lichts

Es ging ihm ... überhaupt nicht um ein Bildungser-
lebnis, sondern um die lebendig gegenwärtige
griechische Landschaft, in der er die Vergangen-
heit wie Schichten eines geologischen Aufschlusses
zu Tage stehen sah. ... immer wieder einen neuen
Stollen in den selben Berg getrieben ... Ausdruck
einer ebenso traditionellen wie existenziellen Sehn-
sucht nach dem Ursprung des europäischen Geis-
tes.

Erhart Kästner: Griechische Inseln

„Mein Gott, wie viel blaue Farbe hast du ange-
wandt, damit wir dich sehen können."

Odysseas Elytis

Griechische Inselwelt

Griechische Inselwelt
stepping-stones der Götter,
die Spuren ihrer Herkunft
hinterließen, Fußabdrücke
ihrer Ursprungskulturen -
Geschichten bewegt
wie der Wellenschlag
des Meeres erratisch
scheinbar völlig dem Zufall
unterworfen, gewalttätig
und grausam und von sanfter
Schönheit - überlebensgroß
erscheint alles Menschliche
in diesen Göttern, die sich
anpassen dem Spiegelbild
der sich wandelnden Zeit.

Marmor der Kykladen

aus rotbrauner Druse dringt
weißer Marmor
strahlend gekörnt - Salz der Erde -
abgeschliffen auf den Wegen
vom Tritt der Jahrhunderte -
gerundet der Kiesel am Strand
von der Brandung gerieben,
getrieben, geglättet -
aus diesem Stoff geschlagen
das Idol der Kykladen

Reduktion des menschlichen Gesichts,
Verknappung der menschlichen Gestalt,
rudimentär die Kontur, doch fängt
das Licht sich im geformten Stein:
so tritt der Mensch in seiner Blöße
vom Licht geadelt vor das Blau
von Himmel und Meer.

Diese Inseln im Meer des Odysseus
wo der Marmor aus der Erde wächst
und du deine Schritte setzt
wo Tausende vor dir gegangen
was ist ein roter Teppich schon
gegen diese alten Marmorpfade
über die des Morgens der Nebel weht
und am Mittag der Duft
von Rosmarin und Thymian
und wer weiß noch was
dich umfängt - wo
hinter der nächsten Biegung
das Meer hinter Tamarisken
schimmert blau silbern golden
wie es die Tageszeit vorschlägt -
gerundet als Kiesel
bewegt von der Brandung
unter der Milchglasscheibe
am umspülten Strand.

Überfahrt nach Tinos

Grau und farblos erstrecken sich die Inseln,
die sich kaum vom flach gekräuselten Meer
unterscheiden, felsige, spärlich von Macchie
bewachsene Küsten, von der Sonne geröstet
und ausgedörrt, was heute kaum vorstellbar ist
im Grau des unaufhörlich strömenden Regens.

Tinos

Der rote Teppich ,
der zur Pilgerkirche führt,
trieft vor Nässe. Votivgaben
wie Stalaktiten füllen den Raum.
Im Labyrinth der silberglänzenden Lampen,
die ihrer Funktion als Lichtträger beraubt,
hängen Silberplättchen, die vom Anliegen,
der Not der Gläubigen sprechen
und im Devotionalienhandel an der Straße
genormt käuflich zu erwerben sind.
Ein horror vacui läuft über ins Filigran
der Ikonostase, die Schlüssellochblicke erlaubt
ins Allerheiligste. Bilderfrömmigkeit eingefasst
vom Schnitzwerk aus Holz und Stein.

Die Löwen draußen sind antik
und erinnern an Amphitrite,
die Gemahlin Poseidons,
deren Position nun auf Maria
übertragen. Auf dem schwarz-weißen

Kieselmosaik im Vorhof tummeln sich
farblich angepasst Tauben.

Kloster Kechrovouni

Das Kloster in nebelweißer Gewandung
hinter Spinnwebenschleiern
über Treppenstufen blank geputzt
blumengeschmückt kleine Gärtchen
mit Lilien und Rosen,
Geranien und Rosmarin,
die Türen blitzblank und blau
zu den Häuschen der Nonnen,
die zartgliedrig und scheu
wie ihre asketisch anmutenden Katzen,
im Nebel untertauchen -

in Nebelwatte verpackt
abgeschirmt von der Welt -
eine Sehnsucht überkommt mich
an diesem Morgen nach einem
in sich ruhenden Ich.

Wie eine zweifelnde Nonne -
und Zweifelnde wollen sie hier nicht haben -
wende ich mich Schulter zuckend ab.

Venezianische Festung Exobourgo / Tinos

Flechtenkaskaden
über Mauern aus losem Stein
Schafe, die sich in der
von Nebel umwobenen Macchie

verlieren, eins werden mit dem Fels.
Fenchel und Disteln kerzengerade
vor dem Grau des begrenzten Raums.
Am Feigenbaum schwellen die Früchte.
Ein Esel wartet stoisch im Irgendwo.

Pyrgos auf Tinos

Marmor wächst aus dem Boden
endemischer Stein der Kykladen.
Marmorembleme über den Türen -
antikes Repertoire in die Neuzeit
herübergerettet, eine Welt
zwischen Sonne und Mond
und stilisierten Zypressen
und dem blauen Auge des Mittelmeers -
Löwenköpfe als Türklopfer, deren Wildheit
gedämpft durch das Gelb der Limonen
gepaart mit grünem Lorbeer -
unter der Riesenplatane
Marmortische und meerblaue Stühle -
das blauweiße Dorf ist Marmor gepflastert
eingebettet in das Türblau des Himmels.
Der Morgen noch war voll vom Grau
des weniger wertvollen Steins.

Friedhof von Pyrgos

Gräber mit dem Bild des Verstorbenen,
aus dem vollen Leben gerissen geht er

lachend ein ins tägliche Erinnern.
Die Geige im Kasten en miniature liegt bereit
und Öl für die Lampe, auch ein Feuerzeug,
man denkt ja in diesseitigen Kategorien
und auch an das Beispiel der klugen
Jungfrauen und an lasset
Eure Lenden umgürtet sein, denn
bereit sein ist alles, wenn der Tag kommt.

Stavros Karamalis war offenbar Fischer
und ein fröhlicher Mensch, im Krieg noch
geboren. Ein Marmorrelief zeichnet sein Leben:
Vier Fische im Meer und das Boot
mit geschwellten Segeln -
eingerahmt von Lebensbäumen
und Vögeln, diesen geflügelten Boten
der unendlichen Hoffnung
auf ein ewiges Leben:
Antikes Erbe in der Verknüpfung
von Alltag und einer ins Christentum
hinübergespielten Symbolik.

Taubenhäuser
auf aufgegebenen Terrassen,
die von Erosion befallen
steinig und grau
von gelbem Ginster
durchbrochen -
Taubenhäuser

weiß gekalkt
mit mäandrierenden Mustern
aus Dreieck und Kreis,
Zypresse und Sonne,
Leben und Tod symbolisierend
mal strahlend
mal hinfällig
von gelbem Ginster
gefeiert.

Am Hang aufgegebene Terrassen
Ölbäume sporadisch nur jenseits
der verfallenden Wege, über die
Gras und Disteln sich erheben.
Kleindörfer-Armut lebte einstmals
vom Fleisch und vom Dung der Tauben.
Heute sind die Terrassen verlassen
die Mauern verfallen:
ein gestörter Rhythmus
von Ölbaum und Lineatur.
Karges graugrünes Land lebt
von der Bläue von Himmel und Meer.
Drunten am Hafen dann
grünblauweißer Marmor
versteinertes Abbild eines
schäumend aufgewühlten
tiefgründigen Meeres.
Sitzen auf Meereshöhe
am Hafen auf blauen Stühlen
am blauen Wasser.
Einladend die Freundlichkeit

der weißen Kuben hinter
den geschwungenen Leibern
der Boote am Quai, der
um die Mittagszeit friedlich
und menschenleer daliegt:
unter blauem Himmel
das blaue Meer.

Paros

Inselsilhouetten
scherenschnittartig im Gegenlicht
Profile flach, sanft sich erstreckend -
die Sonne im Rücken
erscheint das Meer tintenblau.
Ein Wolkenkranz korrespondiert
mit den Schaumkronen.

Die blauweißen Kykladen
leben mit den Zwischentönen
der graugrünen Macchie im Fels
dem Duft von blauviolettem Thymian
und von Rosmarin, der sättigt
und in dem die Müdigkeit
sich verliert.

Mitten am Tage kräht ein Hahn
mit angenehmer Stimme -
ein Pavarotti unter den Hähnen.

Drunten liegt blau und lässig
das mittägliche Meer. Weiß
schieben sich die kubischen Häuserblöcke
den Hang hinauf, der grüngrau erodierend
nach oben ausapert. Große Dampfer liegen
an der Mole und kleine Boote.
Im spanischen Schilfrohr zirpen die Grillen,
dehnt sich die Zeit. Und bunt geädert
wächst Marmor aus farbigem Boden.
Das Meer malt Abstraktionen
in Tintenblau und Türkis, die auslaufen
über felsigem Sporn, der Erdfarben
unter mattem Milchglas verwässert,
verwischt hinaus in das Tintenblau,
das die Unterwasserwelt
vor dem Auge verbirgt.

Agaven, Geranien und Oleander -
eine gedämpfte Farbigkeit, vor der sich
die grellen Töne der Bougainvillea
orientalisch abheben. Ein Sonnenschirm
schiebt sich zwischen Zypresse und Tamariske.
Dahinter das Meer. Die Laute des Sommers
schwingen hinein in den Nachmittag,
bis unvermittelt eine Schiffsirene ertönt.

Auf Paros der volle Mond!
Vom Kloster oben der Blick
auf die Zange der dunklen Ufer.
Ein Boot zieht einen Wellenschweif
hinter sich her, ein Schleppnetz,

in dem sich das scheidende Licht fängt.
Monets L'impression - rotglühende Wärme.
Ein Goldton breitet sich über das
verdorrte Land, schneidet die weißen Kuben
zu komplexen Figurationen. Als Fata Morgana
wachsen Inselkonturen aus dem
noch vom Licht trunkenen Meer.

In der Dunkelheit wachsen Lichter herüber,
wurzeln im Wasser. Der runde Mond streicht
durch die Klänge einer Gitarre.
Die Stimmen werden gedämpfter,
der Tanz eines Paares expressiver
im Land von Dionysos und Apoll.

Marathi / Paros

In die Marmorstollen von Marathi
hineingehen, in den versteinerten Adern
suchen nach dem perfekten Stein,
der das Licht an sich bindet,
das die Venus von Milo verzaubert,
den Stoff liefert, aus dem
vor uralten Zeiten der Mensch
damit begann, seiner Gestalt
gültige Konturen zu verleihen.

Parikia / Paros

Kirche Katapoliani oder
Ekapontapiliani,
die Kirche der 100 Türen

Täufer und Täufling
stiegen beide hinab
in das Becken in Kreuzform.
Erst danach öffnete sich der Raum.
Der Ungetaufte blieb immer am Rande,
sah nur von Ferne
den silberglänzenden Leuchter
die Kuppel aus pastellfarbenem
Stein in konzentrischen Kreisen -
in der Symbolsprache des Baus:
Kuppel und Kreuz die frohe Botschaft
der Pantokrator und in den Zwickeln
das rote Feuer der Cherubim,
den himmlischen Bereich begrenzend.
Von der Galerie leuchtet
das Kreuz über der Ikonostase
im warmen Licht des Abends.

Archilochos

Archilochos -
er war einer der ersten,
die Lyrik verfassten,
ein Meister der knappen Form,
Sohn eines Aristokraten

und einer Sklavin,
von beträchtlicher Bildung
hineingeboren in ein raues soziales Umfeld,
ein Mann des Krieges und einer der Musen -
Ich bin Ares' Gefolgsmann,
des Herrn im grausigen Morden,
Und auf des Musengeschenks
Liebreiz versteh ich mich gut.
Doch ist das Handwerk des Krieges
ihm vonnöten zum Leben.
Unter dem Speer ist das Brot
mir geknetet, unter dem Speer ist
Blumiger Wein, und den Krug
leer ich gelehnt an den Speer.
Und den Schild lässt er fahren,
um sein Leben zu retten,
das wiederum täte kein Held
bei Homer, wo der Schild
schlechthin Identität und Prestige
bedeutet, dem Dichterkrieger
aber bedeutet das Leben mehr.
Nicht die heldische Statur, die Pose,
ist ihm bedeutend. Er ist für die Kleinen,
die mit den krummen Beinen, die
realitätsbezogen, fest am Boden
mit den Füßen, voll von Herz.
Einer der schrieb, um seine Identität
zu wahren, verpflichtet dem eigenen Urteil,
Heldentum konfrontierend
mit einer realistischen Weltsicht.
Einer der aus innerer Spannung

heraus schrieb, ein Moderner.
Er wurde auf Paros geboren.

Besuch in einem Weingut

Wein ist geflossen und hat
in Jahren des Kelterns
seine rotschwarz getönten Spuren
hinterlassen, die die Wände der Kelter
zum abstrakten Kunstwerk machen.
Farbspiele in alle Stufen von Rot
Landkarten der Temperatur,
des Bodens, des Alters, der Süße.
Eine unendliche Reihe von Jahrgängen
wurde in diesen Räumen gepresst.
Das Werkzeug des Kelterns, die Presse,
der grobe Korb und der Schlegel.
Die Zeit der Esel, der Mühsal.

Delos

Kykladen -
versprengte Teilchen
um eine heilige Mitte.
Spiralig die Bewegung -
am Himmel Wolkendelphine
einander umspielend.

Delos -
die Unsichtbare
wird sichtbar im Mythos
Geburtsstätte der Götter
später als solche
den Sterblichen verwehrt -
werden Geburt und Tod ausgeklammert,
dreht sich die Scheibe
göttlicher Zeitlosigkeit
im ewigen Meer.
Äußerst karg ist der Fels hier und
die Ruinen schwer zu entziffern
die eine Palme
die eine Wolke und
unerreichbar der Kynthos,
Wohnstätte des jugendlichen Zeus.
Alles erscheint dem Vergessen
anheim gefallen. Konkret nur
werden die Löwen
und sie sind Substitution.

Naxos

die eine Wolke, die das Schiff zu begleiten
                                    scheint,
blaues Meer - entlang der parischen Küste
das Auf- und Abschwellen der Hügel, steinig,
mit Macchie bewachsen, der Küste entlang
schmale Pfade auf halber Höhe mit Spiel
nach oben und unten, Eselpfade,
Terrassenmauern, grüngrau sich überlassen.

Das blaue Meer - die Wolke löst sich auf
im Blau des Mittags.

Der Steinbruch - rot verworfen,
die Wunde geschlagen ins Fleisch der Erde
vom Meer umspült ohne Hoffnung auf Heilung.
Pfade aus Marmor, gewachsene Pfade,
ausgelegt für Prinzen und Götter,
für Poseidons Landgänge, Saumpfade für Pan.

Zwischen blühender Macchie
kleine Splitter der großen Aphrodite.
Die Form des Halbmonds begrenzt
                              die Strände.
Ein liebendes Umfangen, kein Sich-Verlieren,
ein Bei-sich-Sein, das Maß des antik-
griechischen Empfindens.

Insel der Ariadne, der Verlassenen
aus Hofmannsthals Erbe - Theseus begründet
Athen, bedeutet Ablösung und Auflösung
der Macht des Minos. Ariadne bleibt zurück,
bleibt Teil des älteren Mythos, wird Gemahlin
des Gottes. Dionysos, die Schenkelgeburt
des Zeus vermählt sich mit der Trauernden.
Die Vereinigung will den Mitteleuropäer
nicht so recht überzeugen. Erhält der Kult
des Gottes durch Ariadne eine neue Tiefe?
Hochzeit, Tod und Auferstehung - geben
die Fresken der Villa dei Misteri eine Antwort?

Kykladenidole
Reduktion der menschlichen Gestalt
auf die rudimentäre Form -
die verschränkten Arme
ein Bei-sich-Sein, Abgrenzung,
schwanger gehen
mit den Fragen des Seins.
Nichts bleibt vom Individuellen,
vom Einzelnen, denn du sollst dir
kein Bildnis machen.

Im Mythos das Allgemeine.
Im Mythos enthalten sind viele
Geschichten. Über einem Gesicht
liegen viele Gesichter, sind
viele Schicksale zu beklagen.
Die einfache Form,
die klare Linie, der strenge Rhythmus:
auf dieser Basis beruhen
sie alle diese Geschichten.

Wandern durch die steile,
stachelig-dornige Macchie
hinunter zum Meer.
Der Duft der Kräuter.
Ein Baden in Düften,
die warm empor wallen.
Oleander wuchert
in den feuchten Rinnen.
Ein vertrockneter Baum

wird zum Zeichen.
Kleine Eidechsen huschen
über den Stein.
Weit unten führt
der Schwemmkegel
zum Meer. Abgerundet
geschliffener Marmor
unterschiedlich mineralisiert
von der Gischt bewegt.

Nachdem die Götter verzogen, ergeben
die Wolken das eigentliche Drama.
Wolkenpuzzlesteine, die sich
allmählich voneinander lösen
sich zu marmorierenden Streifen
strecken, verflachen und
im Himmelsblau versinken.

Annäherung an Santorin

Wolkenkranz um Santorin.
Über die harten Kanten
der weißen Kuben
gleitet der Blick den dunklen
Steilhang hinunter
ins tiefblaue Meer.

Weiße Zahnkronen
wachsen aus dem schwarzen Kraterrand
beißen sich in den steilen Hang
der seine roten Zungen ausstreckt

ins tiefblaue Meer.
Einschlüsse
Verwerfungen
einer zu Stein erstarrten
Energie.

Inseln der Caldera

Gesättigt von Lava liegen
schwarz und schwer
die Schlote im Innern
der Caldera, schweben
weiße Möwen vor
dem Abgrund.

Lapilli und Zistrosen,
Margeriten und gelbe
kleine Sonnen perlen
über den Hang -
unten flach und gekräuselt
die Caldera.

Oia

In Oia schlafen die Hunde,
segeln die Schwalben,
steigen die weißen Kuben
über weiße Terrassen,
schaffen Treppen
vielfältig Strukturen.

Rundes, Halbrundes
führt spiralig
über den Hang.
Höhleneingänge,
Ruinen wie ausgebrochene
Zahnkronen, immer noch fürstlich
in diesem Termitenhügel
aus schwarzbrauner Lava.

Oia lässt seine weißen Kuben
aus dem Fels herauswachsen
in Höhlen verankerte Implantate.
Eine weiße Baukastenwelt
ergießt sich über Stufen und Terrassen
Einkerbungen des Steins folgend —
für Momente innehalten
und die Augen weiden
an dieser Herrlichkeit,
die der Schrecken
gebar.

Wandern auf Santorin

Blaue Schatten
weißer Wolken
laufen über das Land —
blaue, kühle Seen
im Patchwork
der Landschaft.
Zuvor die hellen Umrisslinien

der Küsten, von denen plastisch
nackte Bergrücken aufsteigen.
Die Meerestiefe
gestaffelt von Hellocker
über Türkis und Tiefblau.

Kamaria

Im Paradiesgarten von Kamaria
wuchert das Grün.
Weißblau kariert
kubisch strukturiert
und ab und an schlägt
eine Bougainvillea
die Brücke zum Orient.

Thera

Das antike Thera
hoch oben am Grat
uneinnehmbar und
ausgesetzt den Winden
dem Heulen der Stürme
der immerwährenden Dramatik
zwischen den Reichen
von Helios und Poseidon.
Und doch gab es auch hier
in den Hang gegraben
ein antikes Theater, das
Menschliches mit der Welt
der Götter verband.

Im Museum

Schwalben auf früher Keramik
in filigraner Zeichnung
voller Anmut —
kaum dass sie sich von ihren heutigen
Verwandten unterscheiden,
nur dass sie ein Hauch
von Unsterblichkeit umgibt —
ähnlich den Delphinen,
die sich in einer bizarren
Meerlandschaft spielerisch
ergehen und unsere Sympathie
erheischen.

Kreta

Griechenlands Fahne (I)

Once in a blue moon
alle Jubeljahre einmal
nach Kreta reisen —
dämpfe deine Erwartungen,
ermahne ich mich,
sozusagen ins Blaue fahren —
und ankommen
am blauen Rand Europas.

Kreta
summarisch

Kreta —
herbe Schönheit
einer archaischen Landschaft —
Kargheit und im Dunst verschleierte Härte,
weich und geschmeidig wie Seide.

Minoische Wege und Treppen —
gebaute und von unzähligen Füßen
ausgetreten Spuren —
steil ansteigende, gewundene
Pfade ins Unbekannte:
Lebenswege.
Mykenisches,
Dorisches, Römisches,
Byzantinisches,
Venezianisches, Türkisches —
und das silberhelle Lachen
des mediterranen Meers,
der See des Odysseus.

Gedanken im Archäologischen Museum

I

Die Frau als Gefäß —
die Rundungen der Urmütter —
auch sie Gefäße?
Amphoren

haben Nacken und Schulter,
Bäuche und Brüste,
Schenkel
und Füße.

II

Auffällig das Lineare,
die Kraft der parallelen Linien
gegeneinander gesetzt,
einander begegnend.
Schraffierung.
Verknüpfung
unter Einbeziehung
des Menschen,
des Tiers: ein Hund
eingebunden in den Kreis,
der sich zum Stern weitet.

III

Abbild der Welt.
Verkleinerung schafft Präsenz.
Ein Hirte mit Schafen
eingepasst in ein Gefäß -
ein anderes Mal sind es
die im Hause gebackenen Kuchen.
Grabbeigaben, die ein Kontinuum
des Lebens nach dem Tode vermuten.
Ein ritueller Reigen getanzt
von drei weiblichen Figuren -

spielt der Gott auf der Lyra?
Verkürzung — Verdichtung
So Festgehaltenes wird erinnert.

IV

Vögel
gehören ins Reich der Lüfte
engelgleiche Boten
Stellvertreter
der Götter.
Vermittler.

Frauen mit Schnäbeln
Schnabelkannen
mit Brüsten
die Vogelschau
kam aus dem Osten
und auch die Flügelfiguren
und Zeus
freite Europa
in der Gestalt des Adlers.

V

Rhyton

Kultgefäß
tropfenweise
fließt
Blut

homöopathische Dosierung
in symbolischer Reihung
wie Perlen
wie Tränen
die Süße des Honigs
das klebrige Gold
der Bienen.

VI

Vogelgesang
Klanginstrumente
die Flöte des Pan
allüberall in der kretischen Landschaft
Lyra und Laute
das Zirpen der Zikaden
das Klingeln des Systrum
von der Treppe
des Palastes
den Klängen lauschen
dem Tanz der Frauen folgen
dem Reigen der Geborgenheit
im Runden.

Gebete (Zu minoischen Votivfiguren)

Ist Beten im Anfang
eine Sache der Körper?
Ist ein Sich-Beugen, ein Erheben
der Arme ein spontanes Zeichen
das unmittelbar zu einer Gottheit spricht?

Geht die Alphabetisierung des Anliegens
vom Körper aus?
Der Betende hebt die Arme zum Himmel,
um Hilfe flehend, um Anhörung bittend,
der eigenen Hilflosigkeit, dem Ausgesetztsein
Ausdruck verleihend.
Die Arme an die Brust gedrückt,
ein Ansichhalten und dem eigenen
Herzschlag nahe sein —
die Hand über die Augen gelegt,
um besser zu sehen —
oder richtet sich das Auge
dadurch nach innen,
um so tiefer und wahrer zu schauen?
Sprechen die goldenen Bänder
über den Augen des Verstorbenen
Bände?

Spirale

Das Frühe,
Archaische
verbinden wir mit Statik,
Verharren im Augenblick
im Umkreis des Ewigen.
Das archaische Lächeln des Kouros,
dessen Körper noch nicht erlöst ist
aus der symmetrischen Ordnung.
Umso erstaunlicher ist, dass wir
in der Frühe der minoischen Kunst
Bewegung entdecken:

der Mensch beim Absprung über den Stier.
Mit der Bewegung erobert er den Raum.
Dädalus gehört zum mythischen Kreta.
Das Labyrinth des Minotaurus
macht die Spirale zum Abbild, zum Symbol.
Sie rankt sich ins Unendliche der Fläche,
setzt sich fort in den Raum, ist Ewigkeitssymbol
verknüpfend Fortschritt und Rückblick.

Ist darum die Schlange heilig,
weil sie dieser vollkommenen
linearen Beweglichkeit frönt?
Weil sie scheinbar der Unterwelt
gehörend sich in die Lüfte erhebt
und somit Räume verbindet?
Die Spirale findet sich auch
in den Fangarmen der Krake,
schlingt sich um die Amphoren.
Der rote Faden folgt
den Windungen des Labyrinths,
rundet das Gerade,
kriecht ameisenfleißig und gierig
in die Windungen der Schnecke,
der Honigspur folgend:
die Spirale als ambivalente Bewegung
ist Orakel unseres Lebens:
wer weiß schon wann und ob
er vorwärts oder rückwärts geht?

Minoische Paläste

Nirgends sonst fallen Treppen
so gewichtig ins Auge und sind so leicht,
geben den Blick frei in die weißen Wolken.
Da sind die breiten Schautreppen der Paläste,
verknüpft mit leichtfüßigem Reigen,
ein Tanz zu Ehren der Göttin, des Gottes,
zunächst wohl gehalten für einen der ihren.
War Theater nicht an seinem Ursprung
göttliche Schau, die hinführt zur
orakelnden Stimme des Gottes,
die Ahnung erzeugte und Raunen,
Magie und Geheimnis - auch Furcht?

Die Wege in den Palästen verwirren.
Sie fallen scheinbar aus jeglicher Ordnung,
denn Symmetrie ist ihre Sache nicht.
Labyrinthisch verschlungen, verspielt,
fassen sie unerwartete Raumjuwelen:
Farbige Fresken voll überschäumenden
Lebens, eine Feier des Schönen,
ein Fest der Sinne, der höfischen Kultur.

Über Esel

Bei unserem ersten Besuch
beherrschten noch Maultiere
und Esel die Wege im Innern
der Insel. Stoisch trugen sie,
was zu tragen war, standen

an einen Ölbaum gebunden
bewegungslos über Stunden.
Doch wie ein lange geduldig
erscheinender Mensch, der sich
stets in alles zu fügen scheint
und dem plötzlich etwas
über die Hutschnur geht,
das letzte Stroh, der letzte Tropfen,
der das Fass zum Überlaufen bringt,
und der nun zum Staunen,
zum Schrecken, zur Empörung aller,
ausrastet, wild um sich schlägt, völlig
die Beherrschung verliert und
über das Ziel hinausschießt,
solcher Art ist der Charakter
dieser liebenswerten Tiere.

Diktäische Höhle am Rande
der Hochebene von Lassithi

Vom weißen Rand des Karstgebirges
fällt der Blick über ein gelobtes Land,
die Hochebene von Lassithi.
Ein Patchworkteppich aus grünen
und gelben Flicken, eingefasst
von den weißen Rändern des Felsen,
dessen Härte im Dunst zart und
wie Seide geschmeidig erscheint.
Unter den Augenlidern
laufen die Wolkenschatten
über die gelben Rapsfelder.

Hier öffnet sich die Höhle,
die Zeuge gewesen sein soll
der Geburt des Zeus,
des höchsten der griechischen Götter.
Dass ein Gott geboren werde,
ist schon sehr menschlich gedacht
und dass er sterben sollte
in einer anderen kretischen Höhle,
das ist früh und kretisch empfunden.
In die Höhle selber trete ich
wie durch den Muttermund,
steige in die Tiefe der Stalaktitenfalten
in den eigentlichen Geburtsraum,
den langen Pfad durch den Hals
der gebärenden Mutter,
spiralförmig gebogen der Weg,
wie könnte es anders sein
im minoischen Kreta.
Ganz unten dann
im Fruchtwasser der Rhea
die Münzen, Tribute an Zeus,
vielleicht auch zuweilen Respekt
vor dem archaischen Menschen
und der Wunsch, wiederzukehren
in die Anfänge unseres Seins. —
Draußen dann kreisen die Adler,
als wolle Zeus sich selbst
in Erinnerung bringen.

Gournia

Der Meerwind trifft Gournia,
seine geschichtsträchtigen Waben
aus erodiertem Stein,
abgeschliffen, gerundet,
er folgt dem silberhell
wogenden Gras in die engen Gassen
über natürliche Stufen den Hügel hinan.
Erdgebunden und winzig
der Raum für den einzelnen —
Wabe an Wabe.
Bienenfleißig die Bewohner —
fand man doch Krüge und Gerät zuhauf —
und ein Heiligtum für die Götter.
Ganz oben die typisch minoische Treppe,
Öffnung zum Himmel —
zum Traum, zur Utopie?

Zahllos die Wege und Treppen,
hinauf und hinab -
aus grobem Stein nur gepflastert
mit Konturen aus Licht und Schatten,
der sengenden Sommersonne ausgesetzt
seit Jahrtausenden.

Nirgendwo habe ich Wege
so eindrücklich erfahren wie auf Kreta,
wo der Stein
durch Jahrtausende erodiert und gerundet,
wo Stufen sich in den Hang gegraben

und hinauf führen
in die Höhe, die Weite,
zum Licht.

Messara

Die Messara
müsste man zeichnen
gepunktet
schraffiert
auf einem Patchwork
ockergelbgrüner Töne —
ein Gegeneinander
dunkler Strukturen —
ein lebendiges Wogen
herauf vom Meer
dem Schaum besetzten Muschelrand:

hier, so will es der Mythos,
trug der göttliche Stier
Europa an Land.

Gortys

Hier an der Stelle des Ursprungs
bewahrt ein Konvolut uraltes Recht.
12 von 40 Tafeln ursprünglich
rot ausgemalter Lettern in griechischer Spra-
che,
gewissermaßen ein roter Faden
durch den griechisch-kretischen Alltag.
Frauenfreundlich und mild,
blieb die Todesstrafe doch ausgespart.
Warum geht einmal Erreichtes wieder verlo-
ren?

Das alte Kinderspiel:
ein Schritt voran
und zwei zurück,
manchmal sind's mehr,
im Krebsgang
geht's seitlich weiter:
Umwege, Holzwege, Irrwege.

In Gortys steht auch noch immer
die alte Platane, in der
Zeus in Gestalt eines Adlers
die zarte Prinzessin Europa
gefreit, die er im Spiele betörte.

Sie, die königliche Gottgleiche
gebiert ihm drei Söhne,
Minos, Radamanthys, Sarpedon.
Zwei von ihnen werden zu Richtern auserkoren
über die Seelen im Hades, sind befugt,
Leben auf die Waagschale zu legen,
das Unermessliche, Nicht-Messbare zu messen,
Urteil zu fällen, doch
waren sie selbst nicht ohne Fehl.

Bruderstreit um den Segen des Vaters:
Erstgeburtsrecht gegen ein Linsengericht.
Davids Verstrickung tut offenbar
keinen Abbruch im Hinblick auf
die göttliche Gnade.
Das Zeichen auf der Stirn,
der göttlichen Segen,
das Goldband vor den Augen
verspricht den Sonnenblick.
Aarons Stab schlägt Wasser aus dem Fels
und rettet die Israeliten. Er lässt ihnen
den Tanz um das Goldene Kalb,
versagt ist ihm dafür das Gelobte Land:
auch das ist göttlicher Richtspruch.

Moni Arkadi

Hier ist die barocke Pracht
in keiner Weise geglättet.
Der Wundschorf bedeckt
die Fassade,
die lebendig bewegt
sich ihrer Verletzungen
keineswegs schämt.
Vor dem durchlöcherten Stamm
des Ölbaums blüht
unbeschwert die Rose
gedüngt vom, wie ich meine,
unnütz vergossenen Blut.
Ein Baumskelett
streckt seine Zweige
als Fanal zum Himmel.
Das immer noch blutig
gezeichnete Glas
tut seine Wirkung.
Der Zopf der Mutter
blieb unversehrt,
wird bewahrt als Reliquie:
was überlebt
spricht
von Sterben
und Tod —
auch du,
blühende Rose.

Kretische Klänge

Vogelgesang erschallt
aus dem grünen Tal von Eleftherna.
Am Rande des verkarsteten Felssporns
klingen ihre Stimmen reiner und heller.
Brachten Vögel dem archaischen Menschen
die Idee der Flöte? Kam Marsyas etwa
aus einem kretischen Tal?
Vögel, diese geflügelten Wesen,
sind sie nicht wie geschaffen zum Boten?
Vögel, diese den Engeln verwandten Ge-
schöpfe,
haben wohl früh von ihrer Nähe
zum Himmel, zur Gottheit gesprochen:
Vogelschau in die Länder der Sterne.
Auf der Schaukel zu sitzen
zwischen Himmel und Erde —
welch göttliches Vergnügen,
welche Magie des Vermittelns!
Auch die Süße des goldenen Honigs
ist Götterspeise — Bienen
beherrschen den Raum der Lüfte und Falter,
diese kleinen Seelchen!

Die blaue Scherbe aus Eleftherna

Eine Ausgrabung
ist kein Scherbenhaufen
kein Scherbengericht
doch das auf uns gekommene Erbe
erscheint
als Fragment
als Torso
als Scherbe.

Aus einem Scherbenhaufen
blicken blaue Augen
aus dem ockerfarbenem Schorf
eines blauen Ziegels.
Ausgesondert
liegen geblieben
vergessen.

Scherben
Scherbenhaufen
Scherbengericht:
Die Vergangenheit als Torso,
verselbstständigt sich.
So treten Erinnerungen
wie lange verschüttete Scherben
plötzlich zu Tage.

Moni Agia Triada

Katzenschläfrigkeit
im von Licht gesprenkelten Schatten —
Rosen von Licht umflutet
vor Bögen und Treppen —
droben ruht die Glocke —
unter dem Orangenbaum
kommt es zum Gespräch.

Moni Katholiko

Ein heller Pfad im zerklüfteten Fels
ein Abstieg
von grünen Kissen begleitet.
In die Felswand gepresst
ein Portal
ein Glockenstuhl —
die Höhlenkirche
des Eremiten
dunkel im Abseits
fällt kaum ins Auge —
Meeresblau steigt
aus der Bergspalte —
jemand läutet die Glocke
über dem Abgrund.

Samaria (I)

Erdspaltentiefe
Grundlosigkeit —
Baumriesen am Abgrund
strecken ihre zapfenbesetzten Kronen
riesigen Schirmen gleich
gegen das Himmelsblau
lichter und leichter
als irgendwo.
Blau rinnt wie flüssige Farbe
über die Felswand
als besänne der Himmel sich
eines Weges hinunter
ins klarblaue Wasser.
Freigelegte Muskelstränge
abgestorbenen Holzes
wurzeln tödlich verwundet
im Stein. — Leben und Tod
steigen aus der Erdspaltentiefe
über den apollinischen Dreifuß
herauf - ein mit dem Tod
vertrauter Apollo
auf dem Weg nach Delphi?

Samaria (II)

Rund um die Kapelle
wächst der Aronstab -
hier gibt es Wasser
Bäume und Schatten

dem Wanderer Rast.
Wer war Aaron?
Er war ein Begleiter
Halbbruder Moses'
und ihm zu Diensten
vollbrachte er ein Wunder —
mit seinem Stab öffnete er
eine Quelle im Stein.
Doch war er lässig,
ein anderer Moses,
und erlaubte dem Volke
das Goldene Kalb -
eine Verkleinerung des hethitische
und dann kretischen Stiers? —
Wieder die ungleichen Brüder:
Doch wurde beiden der Einzug
ins Gelobte Land verwehrt.

Samaria (III)

Linien im Stein
wie von zarter Nadel gezogen
Schichten farbig getönt
und kraftvolle Falten
Brechungen, Knicke
Urgewalt der Erde
und die rundende Kraft der
herab schießenden Wasser.
Nebel steigt auf aus der Tiefe
der gespaltenen Erdwände -
apollinisch dunkle Orakel

drängen nach oben ans Licht.
Dort in der senkrechten Wand
wächst ein Baum aus einer
kaum wahrnehmbaren Ritze
vom Morgennebel bewässert
unmittelbar unter
den alten Göttern.

Santorin (I)

dunkle Mondsichel
Kraterrand mit weißer Schaumkrone —
Spitzenbesatz
über den Schicksalslinien.
Annäherung
geschieht übers Meer —
der Rundblick macht
das Schiff zum Nabel.
Im Kielwasser
schaumgeboren
vermischt sich Vergangenes
mit dem Morgen.
Träume —
schaumgeboren
durchpflügt von
Delphinen.

Santorin (II)

Verklungen ist
die gewaltige Energie
des Ausbruchs.
Erkaltet die Glut,
niedergeschlagen in Schichten
schwarze Radierungen
horizontal zur Steile der Kraterwand.
Kaminspuren.
Wunden aus
getrocknetem Blut.

Steinschlag
schafft Rinnsale.
Das Damoklesschwert des Seins
— hier mehr als anderswo —
hängt es an einem
dünnen Faden.

Santorin (III)

Schaumgeborene
Kindheitsträume
ohne klare Konturen
dem Augenblick verhaftet
als Träume erinnert:
blaues Hoffen.

Griechenlands Fahne (II)

once in a blue moon
alle Jubeljahre einmal
nach Kreta reisen —
zu den Ursprüngen,
an den blauen Rand Europas,
der blauen Scherbe im dorischen Eleftherna:
das blaue Antlitz, das dich anblickt
und hoffen lässt.
Die blaue Sonne
in der Werkstatt des Töpfers,
dazu Raki aus tief blauem Becher.
Das Himmelsblau

durch die Kiefernkronen der Samaria.
Das Blau des offenen Meeres,
die weißen Schaumkronen,
der ihnen eigene Rhythmus,
das Überschwappen der Wellen
am weiten Strand.
Der gerundete Horizont
um das Schiff —
der meerumspülte Nabel der Welt
im Blau des Himmels geborgen —
und zurück bleibt
blaues Erinnern.

Heimflug von Kreta

Unter uns in Ikarus' Tiefe
Inseln und Buchten —
des Odysseus silbernes Lachen
auf metallischem Spiegel —
wir dagegen gleiten
auf weichen weißen Archipelen.
Blauer Raum
verdichtet sich
über blauem Spiegel.

Zypern

Annäherung aus der Luft

Ausgedorrtes Land
auf Grautöne reduziert,
die Erde als verblasste,
ausgebleichte Landkarte,
auf der die Stationen eines Lebens
matt werden und verglimmen.
Schatten legen sich auf das Land:
Aus faltigen Bergketten
steigt der Olymp, der Berg der Götter.
Und Stavrouni: das Kloster des
schwebenden Kreuzes,
Verweis auf die Reliquie,
den Kreuzessplitter —
ausgesetzt
näher zu Gott.

Zypern

Zypern schwamm von jeher
zwischen den Kontinenten
rein geografisch näher dem Osten
festgezurrt an der langen Leine des Westens
Vorposten
Sprungbrett
Durchgangsland
der Völker
der Kulturen —
ein Schritt
ein Fußtritt
eine Fußfessel —
eine Insel zum Atemholen.

Als habe das jeweilige Volk
mehr oder weniger deutliche
Spuren hinterlassen,
an der Skulptur dieses Landes geformt
an diesen Menschen
allzu Kantiges abgeschliffen
ohne ihnen ihre Authentizität zu rauben.

Was die Erde freigab
sind Fragmente
einer komplexen Geschichte
undeutliche Zeichen
einer halbvergessenen Sprache
Texte, die mehrfach überschrieben ,
mehr raunen als artikulieren.

Das Griechisch der Zyprioten
enthalte noch Spuren
der Sprache Homers, so heißt es.
Und die Begräbnisse der großen Toten
gleichen denen der Ilias.

Ein faltiges Lächeln -
die Wüste eines Gesichts
gebiert eine Knospe:
Lebensvollzug —
ein Lied ohne Anfang und Ende:
menschliches Leid,
das sich durch die Jahrhunderte
immer aufs neue wiederholt.

Paphos

Gleißendes Sonnenlicht
nimmt den unterirdischen
Totenstätten ein wenig
von ihrer Morbidität.
Das blaue Meer
legt sich beruhigend
auf unser Gemüt,
so als dringe seine
Unendlichkeit wundheilend
in die aufgebrochene Erde.
Der Gedanke an Sterblichkeit
gleicht der milden Trauer
griechischer Stelen,

die den geglückten Moment
mit der Schwermut
des Abschieds verknüpfen.
Die Turbulenz geschichtlicher
Ereignisse erscheint eingeebnet,
in beglückendes Vergessen getaucht.

Immer wieder das offene Grab
der hinweggerollte Stein;
die völlige Dunkelheit kontrastiert
mit den sengenden Strahlen.
Farbloses Ocker und Braun —
minimale Kontraste
von Vegetation und Stein.
Unterirdische Totenstadt
aus dem Fels geschlagen —
nur die eine Palme
bringt grüne Farbe
und runde Form.

Erdbeben in Paphos
und anderswo
lassen, was für die Dauer
bestimmt, zerfallen,
Ruinen, bröckelnder Stein
sprechen von trügerischer
Sicherheit, von Vergänglichkeit —
vor der großartigen Kulisse des Meeres,
dessen Wellen an die Ufer schlagen
von jeher.

Paphos, zwei Mosaiken

Auf einem Mosaik
im Haus des Dionysos
Vögel aller Arten
im Weinstock eingefasst,
im Zentrum der Pfau,
das Rebhuhn am Rande:
„ich bin Rebhuhn",
sagt der Zypriote,
wenn er glücklich ist.

Enigma eines Mosaiks

Zwischen Abstraktion und Figuration
kunstvoll gewundene Bänder,
in Schleifen Gefäße,
Dinge des Alltags,
ein Labyrinth und geometrische
Zeichen, Chiffren eines Textes
oder reines Ornament?

Kourion

Votivgaben
in Stein gefasste Gebete
in der Hoffnung,
dass der Gott, die Göttin
der Bitte entspräche.

Wer war der Gott,
wer die Göttin?
Waren nicht auch sie dem Wandel
der Zeiten unterworfen?
Verbarg sich nicht hinter den Heiligen
immer noch der Gott,
unter dem griechischen einer,
der älter und von weither?
Ishtar - Astarte
Isis - Aphrodite:
alle waren Frauen,
denen weibliches Schicksal
nicht fremd sein konnte.
Und war nicht auch die Mutter Jesu
eine Frau in dieser Reihe?
Panagia Aphroditissa —
auf Zypern sieht man Maria
problemlos in einer Linie
mit den älteren Göttern,
hängt sein Tuch an den seit alters her
heiligen Baum mit den geheimen
Wünschen, hilft der eine nicht,
hilft die andere, Hauptsache:
es wird geholfen.

Apoll Hylates

Auch Apoll war nicht von jeher
dem Hellen verpflichtet, dem Heiteren,
der Kunst? War nicht auch er einer,
der aus dem Dunkel des Waldes,

aus der Unterwelt kam?
Ein verbrannter, ein abgestorbener Baum
als Zeuge, Fossil eines
verloren gegangenen Glaubens.

Villa des Eustolios -
eine Reha der besonderen Art.
Eine Leichtigkeit liegt über den Mosaiken
und in den Bädern löste sich wohl
die Schwere christlicher Moral.
Ein Theater mit Blick aufs Meer.
Menschliche Dramen eingebunden
in den Rhythmus der anrollenden
Brandung.

Limassol

Im Hof des Museums gespeichert,
was der Boden preisgab,
Fragmente ohne spezifischen Wert,
kopflose Körper, die austauschbar,
die Kollektion antiker Herrenmode
zur Schau stellen.
Die in zwei Teile zerbrochene
Fratze eines Satyrs auf ewig grinsend.
Grabstelen mit Giebeldächern
und runde Trommeln des Erinnerns.
Wer entziffert die Schrift?

Larnaca,
Meerwasserbesprengung an Pfingsten

Vergessene Ursprünge -
Wellen benetzen die Ufer
ohne zu wissen
woher und wohin
welchen Grund sie berühren.
Rituale der Söhne und Töchter
der Aphrodite —
vergessene Ursprünge,
ein altes Rezept, dessen
Ingredienzien weitgehend
verloren.

Chala Sultan Teke

Oase am ausgetrockneten Salzsee
— beim letzten Mal flogen Flamingos
in Formation auf vom Wasserspiegel —
hier fiel Mohammeds Tante,
jedenfalls eine Frau aus seiner Familie,
vom Maultier, starb und wurde begraben.
Drei Steine näherten sich ihrem Grab,
einer blieb schwebend darüber,
ähnlich dem Kreuz von Stavrouni,
dem Kloster oben über den Wolken.
Geschichten wiederholen sich.
Wichtig ist ihre Bedeutung.
So wurde die Chala Sultan
zur muslimischen Heiligen,

zur weiblichen Instanz
neben einem betont männlichen
Gott und dieser Ort zur Wallfahrtstätte
vor allem der Frauen.
Ein kleines Paradies,
doch heute losgelöst
vom Fundament des Glaubens.

Grabstelen hier und anderswo —
der Turban krönt die schmale Tafel
mit der arabischen Schrift.
Eine Pflanze windet sich nach oben,
auch das eine Botschaft.

Kiti

In der Apsis grüßen
die Mosaiken Ravennas:
die Frontale, das Absolute, was sich
hinter dem Sichtbaren verbirgt.
Ikone ist Stille.
Das göttliche Kind
losgelöst von der Mutter.
Die Engel sind freier,
rhythmischer, bewegter
und von physischer Schönheit.
In der Frühe wurde die Gestalt
der Engel erfunden
als höfische Figur,
danach wurden sie
einfach übernommen —

wundersame Fremdlinge
aus einer fernen Zeit.

Chirokitia

Chirokitia verweist auf Çatalhöyük -
die Spur führt zurück nach Anatolien
der Wall, die Straße
der mögliche Zugang von oben —
man baute vom Tal her
hinauf zum Hügel.
Unten waren die besseren Häuser,
der Fluss, die Nähe zum Meer.

Die embryonale Stellung
der in den Hütten begrabenen Toten —
Pfeilspitzen und Mühlsteine
Amulette und Halsketten.
Die Frauen bekamen
die Gaben ins Grab gelegt
Gebären — Leben weiter zu geben
erschien sinnstiftend
in der kurzen
immer gefährdeten
Spanne des Seins.

Steinfragmente -
Silben verloren gegangener Worte
aus dem Kontext gerissen,
fragwürdig gewordene
Rätsel, deren Lösung fern

und undeutlich erahnt
in der Sprachlosigkeit verharrt,
lauschen auf die Melodie
der verstummenden Steine.

Akámas und Karpaz

Akámas und Karpaz
Ausläufer ins Meer,
Kompassnadeln, die ausschlagen
nach Ost und nach West —
Einsamkeiten der Götter —
Aphrodite weist trotz östlicher Herkunft
nach dem Westen,
Griechenland zu —
der Heilige Andreas auf Karpaz aber
ist Vorposten von Byzanz
und der Levante zugewandt -
auf Akámas aber wirft sich
der Meerschaum auf den porösen
schwarzen Stein.

Fontana Amorosa
das Bad der Aphrodite
ein grüner Dschungel,
Wunder der Quelle
aus der Nacktheit des Steins,
Feigenbaum und Bambus
und, wenn man Glück hat,
lösen sich helle Schmetterlinge
aus dem dunkelgrünen Raum.

Troodosgebirge

Der Troodos
streckt seine gekrümmten Finger
hinein in die Ebene, Straßen winden sich
über die Hänge, Baumwipfel ragen auf,
von den Widrigkeiten der Wetter gezeichnet,
die runzlige Haut ihrer Stämme,
verstümmelte Gliedmaßen, ausgeblutete
Narben, mit ausgelichteten Häuptern
haben sie überstanden —
Baumschicksale
Menschenschicksale
einer in Jahrhunderten
gebeutelten Insel.

Ausläufer des Troodos
bedeckt mit Wunden,
Raubbau am Gestein
schon in der Frühe -
das Kupfer und seine Oxyde —
alte Gänge und Gruben
in den Berg getrieben
baumlos verstümmelt
grün und rosa gefärbt
die Pfründe der Kupfer-Götter
der Heiligen Barbara übertragen.

An Bergrücken gelehnt, in Mulden
auf halber Höhe gebettet
die Scheunendachkirchen des Troodos.

Troodos meint abgeschiedene Täler,
abgeschottet, verborgen,
inmitten einer Wildnis,
Härte und Stille,
auch Ruhe -
Gelassenheit
Zeitlosigkeit
Bedächtigkeit
Relikte eines festen Glaubens,
einer fast vergessenen Gläubigkeit.
Strenge und doch familiär
die Verbundenheit mit den Heiligen:
das Küssen der Ikonen
als wären es Onkel und Tante,
der Alltag als Teil des kirchlichen Lebens.
Der Pope hat Familie,
trägt das Kleinkind auf dem Arm,
sitzt unter den vielen Bäumen des Müßiggangs
mit dem anderen Männern.

Lagoudera –
ein robuster Schrein
in filigranem Gitterwerk
trotzend der Witterung,
den Weltläuften – unerwartet
dieses Kleinod der Introversion,
ein Nach-innen-Wachsen
ein Verstummen nach außen -
eingeschlossen in den Stein
das Innere einer Druse.

Scheunendachkirchen –
der Gefahr von außen begegnen
durch Sich- Einigeln,
sein Inneres verschließen,
eine Absicherung auch des Glaubens,
der keine Fragen stellt.
Glaube in bildhafte Formeln umgesetzt
im Verborgenen blühend
auf einer Insel, an der sich
Weltgeschichte rieb.

Im Innenraum
ein unerwarteter höfischer Stil –
Byzanz, getragen in dieses
bäuerliche Umfelds des Troodos -
eine Intensität des Numinosen
eine Verdichtung von Sein.

Das Universum als Mikrokosmos –
in der Kuppel der Pantokrator
darunter die Heilsgeschichte,
die zwölf herausragenden Geschichten
aus dem Leben und Wirken Christi:
Feste, die das Jahr prägen.
Apostel und Heilige,
eine hierarchische Ordnung:
Chain of Being.

Der Tod Mariens
ein Aufsteigen ins Reich der Engel,
die Seele als kleines Kind
in den Händen ihres Sohnes,
eine Umkehrung des irdischen
Lebensvollzugs.
Trotz der Botschaft der Evangelien
überkommt die Apostel tiefe Trauer.
Der Tod findet auf Erden keinen Trost.

Der Blick des Pantokrators
lässt die Möglichkeit der Sünde
vergessen. Wohlwollend
und streng vermittelt er
die Gewissheit des Glaubens.
Sein Auge schafft die Perspektive:
das Eigentliche, das Göttliche
wächst ins Überdimensionale,
ist fern und nah zugleich.
Das Licht strömt aus der Ikone.
Gold ist Licht aus sich selbst.

Ikone — Archetypus
Schatten des himmlischen Urbildes,
Fenster zum Paradies.
Der Pantokrator —
um ihn kreisen in Medaillons
die Engel wie Planeten
um die Sonne.
Blau, tiefblau das Gewand,

die Farbe des Himmels,
der Transzendenz.

Heilige folgen den alten Göttern,
ohne sie zu ersetzen. Sie leben weiter
und formen ihre Konturen, werden
geschaffen nach den Bedürfnissen
der Menschen. Für jedes Leiden
gilt die Zuständigkeit eines Heiligen.
Und so unterschiedlich sind sie nach Art
und Gestalt wie die Gläubigen,
alles zwischen Militanz und Askese.
Der Heilige Andreas zum Beispiel
hilft in jeglichem Falle.
In der Panagia Aphroditessa
rettet sich die alte Göttin
in die Gestalt der Madonna
und überlebt.
Götter und Heilige
werden neu gemischt
wie ein Kartenspiel,
dessen Karten neu gelegt,
die alten Geschichten
in eine neue Fassung bringen.

Scheunendachkirchen des Troodos
zeugen von der Ordnung der Welt,
eines himmlischen Universums,
das sich fortsetzt in den irdischen
Belangen.

Der Pantokrator in der Kuppel,
das Auge, das die Perspektive
ausrichtet, das Wesentliche,
das Göttliche,
überdimensional und groß,
fern und nah zugleich.

Im gleißenden Licht des Abends
möchte man wünschen,
es gäbe ihn,
diesen Einen Gott
mit dem gütigen Auge,
das allein durch dieses Schauen
die Welt in ihren Schranken
zu halten vermöchte,
den Menschen vor dem Endgültigen,
dem Tode zu bewahren,
so dass ihm beim Abwägen der Seelen
Gerechtigkeit widerfahre.

Asinou,
unsere Frau der Weiden,
auf einer Hügelkuppe gelegen —
Mauerwerk farbiger Steine.
Unter dem Ziegeldach
die Apsis im Halbschatten
eines Eukalyptusbaums.

Die Apostel und Heiligen
sind frontal gesehen
in eine Form gebracht und

unterscheiden sich nach der
Haartracht, dem Barte, dem Attribut;
schwankend zwischen Buch und Schwert
sind sie eingereiht in die Hierarchie.
Fragen, einst hart umkämpft,
erscheinen endgültig gelöst
und sind fixiert in den Fresken
dieser heiligen Schreine -
ein für allemal, so möchte man meinen,
in Form und Farbe gefasst.

Nikosia / Lefkoša

Sophienkathedrale / Selimiye-Moschee

Im Widerspruch
zur aufstrebenden Vertikale
erscheint die Gotik flach gewalzt.
Wie Antennen flankieren
die bleistiftdünnen Minarette
türkisch beflaggt
nach Atatürks Slogan:
Ich bin glücklich, ein Türke zu sein.
Auch im Innern das Palimspsest
sich überlagernder Konzepte:
eine Disharmonie der Ausrichtung,
die Diagonale des Teppichs
steht gegen die vom Bauwerk
vorgegebene Struktur.
Qibla und Mihrab

wenden sich ab, weisen nach Mekka,
und die türkische Flagge drapiert sich,
oben an der Minbar, da wo
Allah seinen Freiplatz hat.

Kunst im Büyük Han (Karawanserei)

Adam, der Mensch,
aus einem Baumstamm
geschaffen - daneben
ein Baumskelett
weitestgehend belassen:
die Abstraktion eines Menschen.
Das Gesicht
in seiner Verletzbarkeit
ähnelt dem
nicht-darstellbaren Gott.

Kyrenia

Schwergewichtig lehnt sich
das Kastell gegen die leicht
geschürzten Restaurants am Hafen,
über die quecksilbrige Flüchtigkeit
des Wassers, auf dem die Boote
in abstrakte Spiegelbilder zerfließen.
Über der Zitadelle schiebt sich
eine einzige Palme
vor die verblauenden Hänge
des Pentadaktylos.

In die Vertikalen von Minarett
und Kirchturm eingebunden
die schmalen Gassen,
in Licht und Schatten getaucht.
Poröses Mauerwerk
durchbrochen von den grünen
Fingern der Fächerpalme,
dem knalligen Rot
einer Bougainvillea.
Hier, in unmittelbarer Nachbarschaft
zur Kirche zum Heiligen Michael
wohnte Lawrence Durrell
eine Zeitlang bei Panos,
dem Schulmeister.

Auch Hähne haben eine gestörte
Nachtruhe im Ramadan.
Gänsegeschnatter und
Hahnenschrei und das Anlassen
der Luxuslimousinen am Casino.

Die Morgenröte kontrastiert
mit dem kalten Blau des Meeres.
Über uns bizarre Wolkengebilde
und die Hahnenkammprofile
der Bergzüge und der geschrumpfte
Mond, eine abgemagerte Daunenfeder.

Am Abend zuvor
ein doppelter Regenbogen,
der aus dem Süden aufsteigt,

klar und stark und farbkräftig.
Wolkenpolster auf dem Sepiameer.

St. Hilarion

Festungsbau der Lusignans
rittlings auf dem Bergkamm
des Pentadaktylos
hoch über Kyrenia.
Aus dem Fels gehauen,
eine ihm aufgezwungene Fron,
eine Symbiose aus Mauer und Fels,
diesen siamesischen Zwillingen.
Der Akzent der Bäume,
japanische Tuschen
vom Sturm gezeichnet.
Ganz oben das Fenster
zur Küste hinunter, zum Meer,
nur diese eine bauliche Geste
blieb übrig von dieser Wohnstatt.
Richtete Catarino Cornaro
von hier sehnsüchtige Blicke
in Richtung Venedig? —
Der Dunst verdichtet sich
zu rasenden Nebelschwaden,
Wolken, die sich bald
in Sturzbächen ergießen.

Bellapais

Vom Hang
auf halber Höhe
massive kubische Formen,
ein Festungsbau der eigenen Art.
Von hier sind die gotischen Bögen,
dem Abendland entlehnt,
nach innen gerückt, untergeordnet.
Laubbäume im Gegenlicht,
Präfigurationen der Palmen,
im Zentrum Zypressen:
ein westöstliches Stillleben
am grünen Hang
vor dem Fels und der Macchie, die
zum Schleier verblassen.

Das Antiphonitiskloster

Ausgeraubt, ausgeblutet,
dieser von acht Säulen
getragene Raum.
Seine Fresken abgelöst
von jetzt leeren ausgeaperten
Wänden, einem von Pestbeulen
befleckten Mauerwerk
mit farbigen Resten.
Der Fuß des Propheten
in blaugrüne Töne gehüllt
ist fast allein übrig
vom Baum Jesse.

Pentadaktylos,
die eigentlichen fünf Finger
einer Faust, krönen einen
mit Macchie bewachsenen Hang.
Nebelschwaden streichen über
den von der Abendsonne
rot gefärbten Fels.

Famagusta

Die Gotik der Kathedralen ist römisch
die kleinen Kirchen des Troodos
gehören Byzanz – dazwischen
sind Welten.

Famagusta –
Drehscheibe des Handels –
nach den Kreuzzügen
eine Kirche für jeden Tag.
Stadt der Lusignans.
Genua konkurriert mit Venedig.
Heute eine Ruinenstadt
noch immer von Mauern
umgeben, eingebunden,
ausgegrenzt sind freie Räume:
eine fiktive Stadt,
eine Stadt aus einem alten Roman,
eine verloren gegangene Utopie.

Gotik und Palmen
und alles hat ein Ende –
Untergang der Kulturen
und Freiräume – ein Verfallen
und noch im Verfall
ein Überleben.

Kirchen unterschiedlicher Provenienz,
unterschiedlicher Überzeugungen,
verloren in einem nicht mehr
lesbaren Kontext.
Gotisches und Byzantinisches
treten einander gegenüber
wie zwei Männer höheren Alters,
deren Lebensart zu festgelegt ist,
um sich zu ändern.
Fremder Zauber gebannt unter

gotischen Bögen, Klänge,
die nicht ins Herz der Melodie dringen.
Der in sich ruhende Raum
statisch und still, getragen
von der Gewissheit des Glaubens –
und der allein gelassene Mensch,
mit dem Drang nach oben,
beschwert von der Furcht
ewiger Verdammnis, schuldig
und auf Erlösung hoffend.
Doch hat das Katholische
die Menschen auf Zypern
wohl nur an der Oberfläche
berührt.

Eine Mumie aus einer anderen Zeit,
mit der man sich eingerichtet hat.
Filigrane Fragmente, Kirchen im Ödland,
abgelegte Schalen und Schoten,
Bündelpfeiler wie dicke Garben
haben kein Dach mehr zu stützen,
verströmen gekappte Stärke
vor einer luftigen Illusion.
Geschrumpfte Hülsen
eingetrocknete Gehäuse
in Schutt und Abraum zerfallen
innerhalb von Mauern, die
wie ein überdimensionaler Mantel
um einen ausgemergelten
Körper schlottern.

Ein Anknüpfen an die alten Götter,
die alten Geschichten,
ein Sich-Einfügen in einen Teppich,
den Jahrhunderte gewebt haben.

Im Schatten des Islam,
in den Kriegen zwischen den Mächtigen,
in den unzugänglichen Tälern
unangefochten
an eine Gewissheit glauben.

Konflikte der Völker,
unterschiedliche Konzepte,
Religionen,
Temperamente
und immer der Wille zur Macht –
ein Gewirr der Stränge,
eine komplizierte Verknotung,
die unlösbar erscheint –
es geschähe denn ein Wunder.

Zypern

Zwischen dem Hinterfragen der Welt,
einem altgriechischen Erbe,
und einem eher weichen
schmiegsamen Anlehnen,
eine Gläubigkeit, die
in ihrer Kindlichkeit bestrickt.

Wie Ebbe und Flut
strömten die Völker,
ein Auf und Ab,
Eindunkeln und Aufleuchten.
Sonnenaufgang und Monduntergang:
goldene Straße und silberner Weg.

Ingeborg Bauer

Studium der Germanistik und Anglistik. Nach dem Staatsexamen als Studienrätin tätig.

Volkshochschuldozentin in Esslingen (Englische Konversationskurse mit Schwerpunkt „Englischsprachige Literatur der Gegenwart"). Freiberufliche Mitarbeit in einer Galerie für zeitgenössische Kunst.

Veröffentlichungen u.a.:

- „Mental Maps" - Lyrik und Kurzprosa (2003)
- „Das Blau des Himmels aber birgt den Engel" - Lyrik (2004)
- „Traumverwandt die Schatten der Dinge" - Lyrik und essayistische Prosa (2005)
- „Sommerschwer die Vogelbeerdolden" (2005) - Lyrik
- „Die Melodie des Ölbaums und der Palme - Reisen in den Maghreb" (2007)